Christelle Huet-Gomez

quiches & cakes magiques

Photographies de Valéry Guedes
Stylisme de Marlène Dispoto

LES PETITS PLATS
MARABOUT
ORIGINAUX & AUTHENTIQUES
DEPUIS L'AN 2000

Sommaire

Qu'est-ce qu'un cake magique ?

Pourquoi magique ?

Le cake magique est principalement composé d'œufs, de beurre, de farine et de lait. Mais alors, en quoi est-il magique ? Si ses ingrédients n'ont rien de particulier, c'est à la cuisson que la magie opère : le cake se divise de lui-même en trois couches distinctes, chacune pourvue d'une texture et d'un goût particulier.

– Un flan salé supporte le gâteau.
– Un crémeux délicat et légér vient se placer au milieu.
– Un cake aérien recouvre le dessus.

Comment ça marche ?

Les jaunes d'œufs, fouettés avec l'assaisonnement, le beurre, la farine et le lait, vont créer les deux premières couches du gâteau magique : le flan et le crémeux. En effet, la cuisson lente à 150 °C va permettre de cuire le dessous du gâteau tel un flan, sans cuire totalement le dessus qui conservera une texture crémeuse. Il est donc préférable d'utiliser une convection naturelle plutôt qu'une chaleur tournante. Enfin, les blancs en neige vont venir former la couche de cake. Ils ne s'homogénéisent pas avec le lait et flottent donc sur le dessus du cake !

crémeux
flan
cake

Les 5 règles d'or

Une préparation, une cuisson et trois cakes en un à l'arrivée. Un plat magique très facile à faire si l'on respecte quelques règles.

1. La taille du moule

La préparation doit remplir le moule à ras bord ! Si le moule est trop petit, vous risquez de ne pas réussir à verser tous les blancs en neige. La couche de cake sera alors trop fine. Si le moule est trop grand, chaque couche sera trop mince et il sera difficile de les distinguer. Mais pas d'inquiétude, la taille des moules peut varier de 1 ou de 2 cm.

2. Les blancs en neige

Pour incorporer les blancs en neige à la préparation très liquide, utilisez un fouet, en travaillant la masse doucement afin de ne pas la dissoudre dans la pâte : il doit rester de gros grumeaux. Lissez les blancs flottant à la surface du moule avec la lame d'un couteau avant d'enfourner.

3. La cuisson

Si le cake n'est pas assez cuit, il ne se tient pas ; s'il est trop cuit, la couche de crème disparaît. À la fin du temps de cuisson indiqué dans la recette, le cake reste légèrement tremblotant, c'est au frais qu'il figera. La couche supérieure – le cake – doit être bien cuite et dorée. La cuisson s'effectue dans un four en convection naturelle. Pour un four à chaleur tournante, diminuez toutes les températures de 10 °C.

4. Le démoulage

Il est impératif d'attendre que le cake magique fige avant de le démouler : il doit être réservé au frais durant 1 à 2 heures selon les recettes. Le démoulage sera plus facile si vous utilisez un moule en silicone beurré. Dans le cas contraire, chemisez votre moule de papier sulfurisé.

5. La dégustation

Le cake magique se déguste frais ou réchauffé (15 minutes à 180 °C directement dans le moule de cuisson).

Les étapes importantes de la préparation de la pâte

- Bien mélanger les œufs avec le beurre, l'assaisonnement et la farine. Verser le lait progressivement.
- Incorporer délicatement les blancs d'œufs au fouet, sans trop mélanger. Il doit rester de gros grumeaux.
- Lisser la préparation versée dans le moule avec la lame d'un couteau avant d'enfourner.

Cake aux olives magique

Pour 10 personnes
Préparation : 30 minutes
Cuisson : 50 minutes
Repos : 2 heures

3 œufs
80 ml d'huile d'olive
2 cuillerées à café de sel
1 cuillerée à café de poivre
½ cuillerée à café de curry
80 g de farine
350 ml de lait
50 ml de vin blanc
80 g de jambon
100 g d'olives vertes et noires, dénoyautées
40 + 20 g de gruyère râpé

Un moule à cake (10 x 24 cm) en métal chemisé de papier sulfurisé ou en silicone beurré

Préchauffer le four à 150 °C. Séparer les blancs des jaunes d'œufs. Fouetter les jaunes avec l'huile d'olive, le sel, le poivre et le curry. Incorporer la farine, en mélangeant bien. Verser le lait, petit à petit, sans cesser de fouetter, puis ajouter le vin blanc. Monter les blancs d'œufs en neige puis, à l'aide d'un fouet, les incorporer à la préparation.
Couper le jambon et les olives en petits morceaux et placer le tout au fond du moule. Ajouter 40 g de gruyère râpé. Verser la préparation dessus et lisser avec la lame d'un couteau. Répartir 20 g de gruyère râpé sur le dessus du cake. Enfourner 50 minutes. Laisser refroidir et placer au minimum 2 heures au réfrigérateur afin que le cake fige. Servir frais ou réchauffé !

Chèvre-tomate cerise

Pour 6 personnes
Préparation : 25 minutes
Cuisson : 50 minutes
Repos : 1 heure

3 œufs
70 ml d'huile d'olive
2 cuillerées à café de sel
1 cuillerée à café de poivre
4 cuillerées à café
de basilic ciselé
60 g de concentré de tomates
60 g de farine
370 ml de lait
60 g de bûche de chèvre
90 g de tomates cerises

Un moule à cake (10 x 24 cm)
en métal chemisé de papier
sulfurisé ou en silicone beurré

Préchauffer le four à 150 °C. Séparer les blancs des jaunes d'œufs. Fouetter les jaunes avec l'huile, le sel, le poivre et le basilic. Incorporer successivement le concentré de tomates et la farine, en mélangeant bien après chaque ajout. Verser le lait, petit à petit, sans cesser de fouetter.
Monter les blancs d'œufs en neige puis, à l'aide d'un fouet, les incorporer à la préparation.
Émietter la bûche de chèvre et la répartir au fond du moule. Rincer et sécher les tomates cerises puis les couper en quartiers. Les disperser sur le fromage de chèvre. Verser la préparation dessus et lisser avec la lame d'un couteau. Enfourner 50 minutes. Laisser refroidir et placer au minimum 1 heure au réfrigérateur afin que le cake fige. Servir frais ou réchauffé.

Roquefort-noix

Pour 8 personnes
Préparation : 25 minutes
Cuisson : 5 + 30 minutes
Repos : 1 heure

2 œufs
60 g de beurre fondu
1 cuillerée à café de sel
½ cuillerée à café de poivre
3 cuillerées à café
de ciboulette ciselée
70 g de farine
250 ml de lait
40 g de noix concassées
60 g de roquefort

Un moule à cake (10 x 24 cm)
en métal chemisé de papier
sulfurisé ou en silicone beurré

Préchauffer le four à 150 °C. Séparer les blancs des jaunes d'œufs.
Fouetter les jaunes avec le beurre, le sel, le poivre et la ciboulette.
Incorporer la farine. Verser le lait, petit à petit, sans cesser de fouetter.
Monter les blancs d'œufs en neige puis, à l'aide d'un
fouet, les incorporer à la préparation.
Faire griller les noix concassées à la poêle pendant 5 minutes puis
les répartir au fond du moule. Émiettez le roquefort par-dessus.
Verser ensuite la préparation dans le moule et lisser avec la lame
d'un couteau. Enfourner 30 minutes. Laisser refroidir et placer au
minimum 1 heure au réfrigérateur afin que le cake fige. Servir frais !

Saumon-aneth

Pour 6 personnes
Préparation : 25 minutes
Cuisson : 25 minutes
Repos : 1 heure

2 œufs
50 g de beurre fondu
Le zeste de 1 citron
1 cuillerée à café de sel
½ cuillerée à café de poivre
3 cuillerées à café d'aneth ciselé
50 g de farine
250 ml de lait
100 g de saumon fumé

6 moules à muffin
en silicone beurrés

Préchauffer le four à 150 °C. Séparer les blancs des jaunes d'œufs. Fouetter les jaunes avec le beurre, le zeste de citron, le sel, le poivre et l'aneth. Incorporer la farine. Verser le lait, petit à petit, sans cesser de fouetter. Monter les blancs d'œufs en neige puis, à l'aide d'un fouet, les incorporer à la préparation. Couper le saumon fumé en petits dés et les répartir au fond des moules. Verser la préparation dessus et lisser avec la lame d'un couteau. Enfourner 25 minutes. Laisser refroidir et placer au minimum 1 heure au réfrigérateur afin que les cakes figent. Servir frais !

Le truc en plus

Préparer une crème à l'aneth en mélangeant 125 g de crème fraîche entière avec le jus de ½ citron, 1 pincée de sel, 1 pincée de poivre et 2 cuillerées à café d'aneth ciselé, puis en déposer une grosse noix sur chaque muffin.

Quatre fromages

Pour 8 personnes
Préparation : 25 minutes
Cuisson : 50 minutes
Repos : 2 heures

370 ml de lait
50 g d'emmental râpé
3 œufs
90 g de beurre fondu
1 cuillerée à café de sel
1 cuillerée à café de poivre
1 cuillerée à soupe de persil ciselé
90 g de farine
30 g de parmesan râpé
50 g de bleu d'Auvergne
125 g de mozzarella

Un moule à cake (10 x 24 cm) en métal chemisé de papier sulfurisé ou en silicone beurré

Faire chauffer le lait et l'emmental dans une casserole jusqu'à ce que le fromage soit fondu.
Préchauffer le four à 150 °C. Séparer les blancs des jaunes d'œufs. Fouetter les jaunes avec le beurre, le sel, le poivre et le persil. Incorporer successivement la farine et le parmesan, en mélangeant bien après chaque ajout. Verser le lait, petit à petit, sans cesser de fouetter.
Monter les blancs d'œufs en neige puis, à l'aide d'un fouet, les incorporer à la préparation.
Émietter le bleu au fond du moule. Couper la mozzarella en dés et les répartir sur le bleu. Verser ensuite la préparation dessus et lisser avec la lame d'un couteau. Enfourner 50 minutes. Laisser refroidir et placer au minimum 2 heures au réfrigérateur afin que le cake fige. Servir frais ou réchauffé !

Cake magique tapenade

Pour 6 personnes
Préparation : 25 minutes
Cuisson : 5 + 25 minutes
Repos : 1 heure

15 g de graines de sésame
1 œuf
15 ml d'huile d'olive
30 g de tapenade
½ cuillerée à café de sel
1 pincée de poivre
25 g de farine
125 ml de lait
20 g d'olives noires dénoyautées

6 moules à mini cake (4 x 8 cm)
en métal chemisés de papier
sulfurisé ou en silicone beurrés

Faire griller les graines de sésame à sec, à la poêle, pendant environ 5 minutes. Réserver. Préchauffer le four à 150 °C.
Séparer les blancs des jaunes d'œufs. Fouetter les jaunes avec l'huile d'olive, le sel, le poivre, la tapenade et les graines de sésame grillées.
Incorporer la farine. Verser le lait, petit à petit, sans cesser de fouetter.
Monter les blancs d'œufs en neige puis, à l'aide d'un fouet, les incorporer à la préparation.
Couper les olives noires en petits morceaux, et les répartir au fond des moules. Verser la préparation dessus et lisser avec la lame d'un couteau. Enfourner 25 minutes. Laisser refroidir et placer au minimum 1 heure au réfrigérateur afin que les cakes figent. Servir frais.

Cake magique tzatziki

Pour 8 personnes
Préparation : 30 minutes
Cuisson : 55 minutes
Repos : 2 heures

150 g de concombre
3 œufs
90 ml d'huile d'olive
1 cuillerée à soupe de vinaigre blanc
Le zeste de 1 citron
3 brins de menthe fraîche
1 gousse d'ail
2 cuillerées à café de sel
1 cuillerée à café de poivre
1 yaourt nature non sucré
90 g de farine
350 ml de lait

Un moule à cake (10 x 24 cm) en métal chemisé de papier sulfurisé ou en silicone beurré

Laver, éplucher et râper le concombre. Réserver.
Préchauffer le four à 150 °C. Séparer les blancs des jaunes d'œufs. Fouetter les jaunes avec l'huile d'olive, le vinaigre blanc et le zeste de citron. Ciseler les feuilles de menthe et les incorporer à la préparation. Éplucher et hacher finement la gousse d'ail, puis l'ajouter à la préparation avec le sel et le poivre. Incorporer le yaourt et la farine, en mélangeant bien après chaque ajout. Verser le lait, petit à petit, sans cesser de fouetter.
Monter les blancs en neige et, à l'aide d'un fouet, les incorporer à la préparation.
Placer le concombre râpé au fond du moule. Verser la préparation dessus et lisser avec la lame d'un couteau. Enfourner 55 minutes. Laisser refroidir et placer au minimum 2 heures au réfrigérateur afin que le cake fige. Servir frais !

Le truc en plus

Accompagner ce cake d'une crème au yaourt : mélanger 2 yaourts nature non sucrés avec le jus de ½ citron, 2 cuillerées à soupe de ciboulette, 1 pincée de sel et 1 pincée de poivre.

Chorizo-cheddar

Pour 8 personnes
Préparation : 25 minutes
Cuisson : 2 + 22 minutes
Repos : 30 minutes

50 g de chorizo
2 œufs
40 g de beurre fondu
1 cuillerée à café de sel
½ cuillerée à café de poivre
60 g de farine
250 ml de lait
40 g de cacahuètes
70 g de cheddar

8 moules à cannelé ou
1 moule à cake (8 x 22 cm)
en silicone beurrés

Couper le chorizo en petits dés et les faire griller à la poêle pendant 2 minutes en remuant.
Préchauffer le four à 150 °C. Séparer les blancs des jaunes d'œufs. Fouetter les jaunes avec le beurre, le sel et le poivre. Incorporer la farine. Verser le lait, petit à petit, sans cesser de fouetter. Mixer les cacahuètes et les ajouter à la préparation.
Monter les blancs d'œufs en neige puis, à l'aide d'un fouet, les incorporer à la préparation.
Répartir les dés de chorizo au fond des moules. Couper le cheddar en petits morceaux et les répartir dans les moules. Verser ensuite la préparation dessus et lisser avec la lame d'un couteau. Enfourner 22 minutes (50 minutes pour un gros cake). Laisser refroidir et placer au minimum 30 minutes au réfrigérateur afin que les cakes figent.

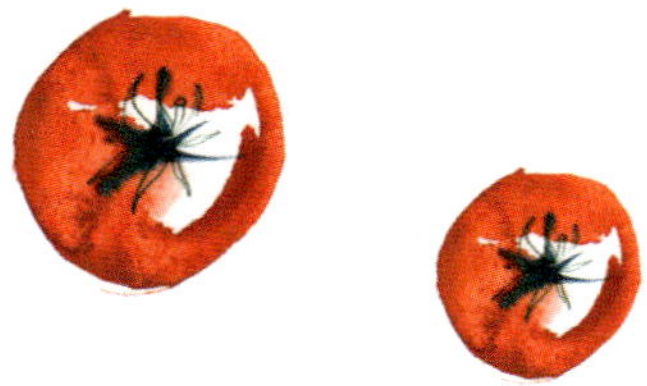

Tomate-mozza

Pour 8 personnes
Préparation : 25 minutes
Cuisson : 50 minutes
Repos : 1 heure

3 œufs
70 ml d'huile d'olive
1,5 cuillerée à café de sel
½ cuillerée à café de poivre
3 cuillerées à café d'origan
80 g de farine
370 ml de lait
50 g de tomates séchées
120 g de mozzarella

Un moule à cake (10 x 24 cm)
en métal chemisé de papier
sulfurisé ou en silicone beurré

Préchauffer le four à 150 °C. Séparer les blancs des jaunes d'œufs. Fouetter les jaunes avec l'huile d'olive, le sel, le poivre et l'origan. Incorporer la farine. Verser le lait, petit à petit, sans cesser de fouetter. Monter les blancs d'œufs en neige puis, à l'aide d'un fouet, les incorporer à la préparation.
Couper les tomates séchées et la mozzarella coupées en dés, puis les répartir au fond du moule. Verser la préparation dessus et lisser avec la lame d'un couteau. Enfourner 50 minutes. Laisser refroidir et placer au minimum 1 heure au réfrigérateur afin que le cake fige. Servir frais ou légèrement réchauffé !

Cake magique champignon

Pour 6 personnes
Préparation : 30 minutes
Cuisson : 10 + 28 minutes
Repos : 1 heure

Poêlée de champignons
100 g de champignons variés (cèpes, girolles, champignons de Paris…)
1 pincée de sel
1 pincée de poivre
1 filet d'huile
1 gousse d'ail
1 échalote
2 cuillerées à café de persil

Gâteaux
2 œufs
60 g de beurre fondu
Le zeste de 1 citron
1 cuillerée à café de sel
½ cuillerée à café de poivre
1 cuillerée à soupe de vinaigre blanc
40 g de farine
230 ml de lait

6 moules à muffin en silicone beurrés

Laver et sécher les champignons. Couper les plus gros en dés. Faire chauffer l'huile dans une poêle puis ajouter les champignons et le sel. Faire cuire pendant 5 minutes environ, à feu fort, puis enlever l'excédent d'eau en en conservant 1 cuillerée à soupe. Peler et hacher l'ail et l'échalote, puis les ajouter à la poêlée avec le poivre, en diminuant légèrement le feu. Cuire 5 minutes, en mélangeant régulièrement et ajouter le persil. Réserver.
Préchauffer le four à 150 °C. Séparer les blancs des jaunes d'œufs. Fouetter les jaunes avec le beurre, le zeste de citron, le sel, le poivre, le vinaigre et la cuillerée à soupe de jus de cuisson des champignons. Incorporer la farine. Verser le lait, petit à petit, sans cesser de fouetter. Monter les blancs d'œufs en neige puis, à l'aide d'un fouet, les incorporer à la préparation.
Répartir les champignons au fond des moules à muffin. Verser la préparation dessus et lisser avec la lame d'un couteau. Enfourner 28 minutes. Laisser refroidir et placer au minimum 1 heure au réfrigérateur afin que les gâteaux figent. Servir frais ou réchauffé.

Pesto-feta

Pour 8 personnes
Préparation : 30 minutes
Cuisson : 50 minutes
Repos : 2 heures

3 œufs
50 g de beurre fondu
1 cuillerée à café de sel
1 cuillerée à café de poivre
80 g de pesto vert
80 g de farine
370 ml de lait
60 g de tomates séchées
100 g de feta

Un moule à cake (10 x 24 cm)
en métal chemisé de papier
sulfurisé ou en silicone beurré

Préchauffer le four à 150 °C. Séparer les blancs des jaunes d'œufs. Fouetter les jaunes avec le beurre, le sel, le poivre et le pesto. Incorporer la farine, en mélangeant bien.
Verser le lait, petit à petit, sans cesser de fouetter.
Monter les blancs d'œufs en neige et, à l'aide d'un fouet, les incorporer à la préparation.
Couper les tomates séchées et la feta en petits morceaux et les répartir dans le moule. Verser la préparation dessus et lisser avec la lame d'un couteau. Enfourner 50 minutes. Laisser refroidir et placer au minimum 2 heures au réfrigérateur afin que le cake fige. Servir frais ou réchauffé !

Artichaut-parmesan

Pour 8 personnes
Préparation : 25 minutes
Cuisson : 5 + 35 minutes
Repos : 1 heure

2 œufs
60 g de beurre fondu
1 cuillerée à café de sel
½ cuillerée à café de poivre
60 g de crème d'artichauts (au rayon sauce des supermarchés)
20 g de parmesan râpé
35 g de farine
250 ml de lait
30 g de pignons

4 moules à mini cake (5 x 10 cm), ou 1 moule à cake (8 x 22 cm), en métal chemisés de papier sulfurisé ou en silicone beurrés

Préchauffer le four à 150 °C. Séparer les blancs des jaunes d'œufs. Fouetter les jaunes avec le beurre fondu, le sel et le poivre. Incorporer successivement la crème d'artichauts, le parmesan et la farine, en mélangeant après chaque ajout. Verser le lait, petit à petit, sans cesser de fouetter.
Monter les blancs d'œufs en neige puis, à l'aide d'un fouet, les incorporer à la préparation.
Faire griller les pignons 5 minutes à la poêle puis les répartir au fond des moules en en réservant quelques-uns. Verser la préparation dessus et lisser avec la lame d'un couteau. Répartir les derniers pignons sur le dessus des cakes. Enfourner 35 minutes (50 minutes pour un gros cake). Laisser refroidir et placer au minimum 1 heure au réfrigérateur afin que les cakes figent. Servir frais !

Cake magique courgette

Pour 8 personnes
Préparation : 35 minutes
Cuisson : 10 + 50 minutes
Repos : 2 heures

1 courgette (400 g)
370 ml de lait
3 œufs
80 ml d'huile d'olive
Le zeste de 1 citron
2 cuillerées à café de sel
1 cuillerée à café de poivre
1 cuillerée à café de persil ciselé
1 cuillerée à café de cerfeuil ciselé
2 cuillerées à café de basilic ciselé
50 g de parmesan râpé
70 g de farine

Un moule à cake (10 x 24 cm) en métal chemisé de papier sulfurisé ou en silicone beurré

Laver et éplucher la courgette. Couper la moitié en morceaux et les faire cuire dans le lait pendant une dizaine de minutes. Mixer au mixeur plongeant.
Préchauffer le four à 150 °C. Séparer les blancs des jaunes d'œufs.
Fouetter les jaunes avec l'huile, le zeste de citron, le sel, le poivre, le persil, le cerfeuil et le basilic. Incorporer successivement le parmesan et la farine, en mélangeant bien après chaque ajout.
Verser la crème de courgette, petit à petit, sans cesser de fouetter.
Monter les blancs d'œufs en neige et, à l'aide d'un fouet, les incorporer à la préparation.
Couper le reste de la courgette en dés et les répartir au fond du moule. Verser la préparation dessus et lisser avec la lame d'un couteau.
Enfourner 50 minutes. Laisser refroidir et placer au minimum 2 heures au réfrigérateur afin que le cake fige. Servir frais !

Gâteau de carotte magique

Pour 10 personnes
Préparation : 35 minutes
Cuisson : 10 + 45 minutes
Repos : 2 heures

500 ml de lait
150 g de gouda coupé en morceaux
4 œufs
90 g de beurre fondu
2 cuillerées à café de sel
1 cuillerée à café de poivre
2,5 cuillerées à café de cumin
110 g de farine
150 g de carotte

Un moule rond (22 à 24 cm de diamètre) en métal chemisé de papier sulfurisé ou en silicone beurré

Faire chauffer le lait et le gouda dans une casserole pendant une dizaine de minutes jusqu'à ce que le fromage soit presque entièrement fondu.
Préchauffer le four à 150 °C. Séparer les blancs des jaunes d'œufs. Fouetter les jaunes avec le beurre, le sel, le poivre et le cumin. Incorporer la farine. Verser le mélange lait-gouda, petit à petit, sans cesser de fouetter.
Monter les blancs d'œufs en neige puis, à l'aide d'un fouet, les incorporer à la préparation.
Laver, éplucher et râper les carottes. Les répartir au fond du moule.
Verser la préparation dessus et lisser avec la lame d'un couteau.
Enfourner 45 minutes. Laisser refroidir et placer au minimum 2 heures au réfrigérateur afin que le gâteau fige. Servir frais ou réchauffé.

Butternut-chèvre

Pour 8 personnes
Préparation : 30 minutes
Cuisson : 15 + 5 + 50 minutes
Repos : 2 heures

400 ml de lait
150 g de butternut
3 œufs
80 g de beurre fondu
2 cuillerées à café de sel
1 pincée de poivre
1 cuillerée à café de noix de muscade
90 g de farine complète
60 g de bûche de chèvre
50 g de noix de pécan concassées

Un moule à cake (10 x 24 cm) en métal chemisé de papier sulfurisé ou en silicone beurré

Éplucher le butternut et le couper en morceaux. Faire cuire dans le lait chaud pendant 15 minutes, puis mixer et réserver.
Faire griller les noix de pécan concassées dans une poêle, à sec, pendant 5 minutes, puis réserver.
Préchauffer le four à 150 °C. Séparer les blancs des jaunes d'œufs.
Fouetter les jaunes avec le beurre, le sel, le poivre et la noix de muscade. Incorporer la farine, en mélangeant bien. Verser le lait au butternut, petit à petit, sans cesser de fouetter.
Monter les blancs d'œufs en neige puis, à l'aide d'un fouet, les incorporer à la préparation.
Émietter la bûche de chèvre et la répartir au fond du moule.
Ajouter les noix de pécan grillées. Verser la préparation dessus et lisser avec la lame d'un couteau. Enfourner 50 minutes.
Laisser refroidir et placer au minimum 2 heures au réfrigérateur afin que le cake fige. Servir frais ou réchauffé.

Potimarron-châtaigne

Pour 8 personnes
Préparation : 30 minutes
Cuisson : 50 minutes
Repos : 1 + 2 heures

370 ml de lait
1 gousse de vanille
3 œufs
90 g de beurre fondu
2 cuillerées à café de sel
1 cuillerée à café de poivre
70 g de farine de châtaigne
120 g de potimarron
120 g de châtaignes cuites
et décortiquées (en conserve)

Un moule à cake (10 x 24 cm)
en métal chemisé de papier
sulfurisé ou en silicone beurré

Faire chauffer le lait avec les graines de vanille et la gousse ouverte. Laisser infuser 1 heure jusqu'à ce que le lait revienne à température ambiante. Éplucher le potimarron, ôter les graines et le râper. Réserver.
Préchauffer le four à 150 °C. Séparer les blancs des jaunes d'œufs. Fouetter les jaunes avec le beurre, le sel et le poivre. Incorporer la farine, en mélangeant bien. Ôter la gousse de vanille et verser le lait vanillé petit à petit, sans cesser de fouetter. Monter les blancs d'œufs en neige et, à l'aide d'un fouet, les incorporer à la préparation.
Émietter les châtaignes au fond du moule et recouvrir de potimarron râpé. Verser la préparation dessus et lisser avec la lame d'un couteau. Enfourner 50 minutes. Laisser refroidir et placer au minimum 2 heures au réfrigérateur afin que le cake fige. Servir frais ou réchauffé !

Cake magique au saumon

Pour 8 personnes
Préparation : 30 minutes
Cuisson : 3 + 5 + 50 minutes
Repos : 2 heures

90 g d'épinards frais
100 g de saumon frais
3 œufs
60 g de beurre fondu
2 cuillerées à café de sel
1 cuillerée à café de poivre
Le zeste de 1 citron
90 g de farine
40 g de poudre de noisettes
370 ml de lait

Un moule à cake (10 x 24 cm) en métal chemisé de papier sulfurisé ou en silicone beurré

Laver les épinards et les blanchir 3 minutes dans une casserole d'eau bouillante. Égoutter et hacher au couteau. Faire revenir le saumon 5 minutes à la poêle sans matières grasses. Ôter la peau et découper la chair en cubes. Réserver le tout.
Préchauffer le four à 150 °C. Séparer les blancs des jaunes d'œufs. Fouetter les jaunes avec le beurre, le sel, le poivre et le zeste de citron. Incorporer successivement la farine et la poudre de noisettes, en fouettant après chaque ajout.
Verser le lait, petit à petit, sans cesser de fouetter.
Monter les blancs en neige et, à l'aide d'un fouet, les incorporer à la préparation.
Placer les épinards et le saumon au fond du moule.
Verser la préparation dessus et lisser avec la lame d'un couteau. Enfourner 50 minutes. Laisser refroidir et placer au minimum 2 heures au réfrigérateur afin que le cake fige. Servez frais ou légèrement réchauffé !

Le truc en plus

Les épinards frais peuvent être remplacés par 150 g d'épinards surgelés. Les décongeler et bien les égoutter.

Gâteau de thon magique

Pour 8 personnes
Préparation : 25 minutes
Cuisson : 50 minutes
Repos : 2 heures

3 œufs
90 g de beurre demi-sel fondu
1 cuillerée à café de sel
1 cuillerée à café de poivre
1 cuillerée à café de curry
110 g de farine
300 ml de lait
150 g de pulpe de tomates
1 boîte de thon au naturel égoutté
6 tomates séchées

Un moule à cake (10 x 24 cm) en métal chemisé de papier sulfurisé ou en silicone beurré

Préchauffer le four à 150 °C. Séparer les blancs des jaunes d'œufs. Fouetter les jaunes avec le beurre, le sel, le poivre et le curry. Incorporer la farine, en mélangeant bien. Verser le lait, petit à petit, sans cesser de fouetter, puis ajouter la pulpe de tomates. Monter les blancs en neige et, à l'aide d'un fouet, les incorporer à la préparation.
Émietter le thon dans le moule et parsemer de tomates séchées, coupées en petits dés. Verser la préparation dessus et lisser avec la lame d'un couteau. Enfourner 50 minutes. Laisser refroidir et placer au minimum 2 heures au réfrigérateur afin que le cake fige. Servez frais ou légèrement réchauffé !

Cake magique au crabe

Pour 10 personnes
Préparation : 35 minutes
Cuisson : 15 + 2 + 50 minutes
Repos : 2 heures

100 + 40 g de petits pois frais (ou 50 g + 20 g de petits pois surgelés)
80 g de haricots verts
400 ml de lait
3 œufs
90 g de beurre fondu
2 cuillerées à café de sel
1 cuillerée à café de poivre
2 cuillerées à café de persil ciselé
80 g de farine
50 g de gruyère râpé
100 g de chair de crabe

Un moule à cake (10 x 24 cm) en métal chemisé de papier sulfurisé ou en silicone beurré

Écosser et laver les petits pois. En faire cuire 100 g dans le lait chaud pendant 15 minutes. Mixer.
Équeuter et laver les haricots verts. Les plonger avec 40 g de petits pois, à l'eau bouillante, pendant 2 minutes. Couper les haricots en tronçons de 1 cm de long et réserver le tout.
Préchauffer le four à 150 °C. Séparer les blancs des jaunes d'œufs. Fouetter les jaunes avec le beurre, le sel, le poivre et le persil. Incorporer la farine, en mélangeant bien. Verser le lait aux petits pois, petit à petit, sans cesser de fouetter. Monter les blancs d'œufs en neige puis, à l'aide d'un fouet, les incorporer à la préparation.
Émietter le crabe au fond du moule. Ajouter le gruyère, les haricots verts et les petits pois, puis verser la préparation dessus. Lisser avec la lame d'un couteau. Enfourner 50 minutes. Laisser refroidir et placer au minimum 2 heures au réfrigérateur afin que le cake fige. Servir frais !

Le truc en plus

Accompagner le cake d'une crème aux petits pois : écosser et laver 100 g de petits pois frais. Faire cuire à l'eau bouillante pendant 15 minutes, puis mixer avec 150 g de fromage frais, 1 pincée de sel et 1 pincée de poivre.

Poireau-pétoncle

Pour 8 personnes
Préparation : 35 minutes
Cuisson : 10 + 4 + 25 minutes
Repos : 1 heure

1 blanc de poireau
1 cuillerée à soupe d'huile d'olive
1 échalote
100 g de pétoncles
2 œufs
60 g de beurre fondu
1 cuillerée à café de sel
½ cuillerée à café de poivre
Le zeste de 1 citron
60 g de farine
250 ml de lait

8 moules à muffin ou cubes en silicone beurrés (ou 1 moule à cake de 8 x 22 cm)

Couper le blanc de poireau en rondelles et faire cuire 10 minutes dans de l'eau bouillante. Faire chauffer l'huile dans une poêle. Éplucher et hacher l'échalote, puis la faire revenir à la poêle. Ajouter les pétoncles et faire cuire 2 minutes de chaque côté. Préchauffer le four à 150 °C. Séparer les blancs des jaunes d'œufs. Fouetter les jaunes avec le beurre, le sel, le poivre et le zeste de citron. Incorporer la farine, en mélangeant bien. Verser le lait, petit à petit, sans cesser de fouetter. Monter les blancs d'œufs en neige puis, à l'aide d'un fouet, les incorporer à la préparation.
Répartir les rondelles de poireau et les pétoncles au fond des moules. Verser la préparation dessus et lisser avec la lame d'un couteau. Enfourner 25 minutes (50 minutes pour un gros cake). Laisser refroidir et placer au minimum 1 heure au réfrigérateur. Servir frais ou réchauffé !

Poisson-wasabi

Pour 8 personnes
Préparation : 30 minutes
Cuisson : 5 + 50 minutes
Repos : 2 heures

200 g de filet de poisson blanc (flétan, cabillaud)
1 cuillerée à soupe d'huile
3 œufs
90 g de beurre fondu
2 cuillerées à café + 1 pincée de sel
½ cuillerée à café de poivre
1 cuillerée à soupe de pâte de wasabi
1 citron
80 g de farine
320 ml de lait

Un moule à cake (10 x 24 cm) en métal chemisé de papier sulfurisé ou en silicone beurré

Faire chauffer l'huile dans une poêle et y faire griller le poisson pendant 5 minutes avec une pincée de sel. Réserver.
Préchauffer le four à 150 °C. Séparer les blancs des jaunes d'œufs. Fouetter les jaunes avec le beurre, le sel restant, le poivre et la pâte de wasabi. Prélever le zeste du citron, le hacher finement et l'ajouter à la préparation. Presser la moitié du citron et verser le jus dans le mélange. Ajouter la farine, en remuant bien. Verser le lait, petit à petit, sans cesser de fouetter.
Monter les blancs d'œufs en neige puis, à l'aide d'un fouet, les incorporer à la préparation.
Émietter le poisson au fond du moule. Verser la préparation dessus et lisser avec la lame d'un couteau. Enfourner 50 minutes. Laisser refroidir et placer au minimum 2 heures au réfrigérateur. Servir frais !

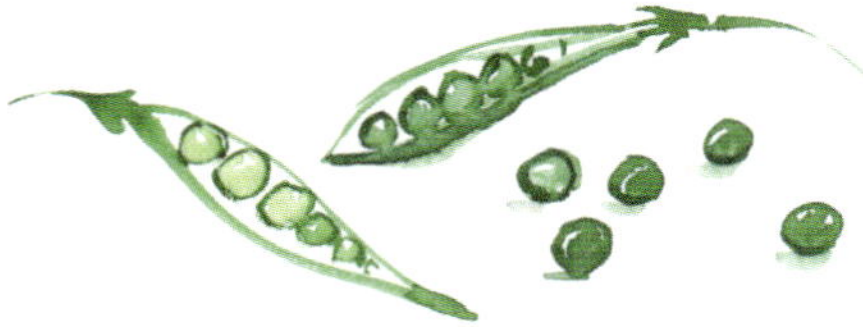

Lard-petit pois

Pour 4 personnes
Préparation : 35 minutes
Cuisson : 15 +5 + 30 minutes
Repos : 1 heure

120 g de petits pois frais
125 g de lardons
2 œufs
60 g de beurre fondu
1 cuillerée à café +
1 pincée de sel
½ cuillerée à café de poivre
1 cuillerée à café de
menthe ciselée
50 g de farine
250 ml de lait

4 moules à mini cake (4 x 8 cm),
ou 1 moule à cake (8 x 22 cm),
en métal chemisés de papier
sulfurisé ou en silicone beurrés

Écosser et laver les petits pois et les cuire dans de l'eau bouillante salée pendant 15 minutes. Égoutter. Faire griller les lardons dans une poêle pendant 5 minutes. Réserver le tout.
Préchauffer le four à 150 °C. Séparer les blancs des jaunes d'œufs. Fouetter les jaunes avec le beurre, le sel, le poivre et la menthe. Incorporer la farine, en mélangeant bien.
Placer 50 g de petits pois dans le lait et mixer. Verser le lait aux petits pois, petit à petit, sans cesser de fouetter.
Monter les blancs d'œufs en neige puis, à l'aide d'un fouet, les incorporer à la préparation.
Répartir les petits pois restants et les lardons dans les moules, puis verser la préparation dessus. Lisser avec la lame d'un couteau. Enfourner 30 minutes (50 minutes pour un gros cake).
Laisser refroidir et placer au minimum 1 heure au réfrigérateur afin que les cakes figent. Servir frais ou réchauffé !

Le truc en plus

Accompagner ces cakes d'une crème à la ricotta : mélanger 100 g de ricotta avec 2,5 cl d'huile d'olive, le jus de ½ citron, 1 pincée de sel, 1 pincée de poivre et 1 cuillerée à café de menthe ciselée.

Pruneau-lardon

Pour 8 personnes
Préparation : 30 minutes
Cuisson : 5 + 50 minutes
Repos : 2 heures

3 œufs
90 g de beurre fondu
2 cuillerées à café de sel
1 cuillerée à café de poivre
80 g de farine
370 ml de lait
125 g de lardons
90 g de pruneaux dénoyautés
90 g de gruyère râpé

Un moule à cake (10 x 24 cm)
en métal chemisé de papier
sulfurisé ou en silicone beurré

Préchauffer le four à 150 °C. Séparer les blancs des jaunes d'œufs. Fouetter les jaunes avec le beurre, le sel et le poivre. Incorporer la farine, en mélangeant bien.
Verser le lait, petit à petit, sans cesser de fouetter.
Monter les blancs d'œufs en neige puis, à l'aide d'un fouet, les incorporer à la préparation.
Faire griller les lardons à la poêle pendant 5 minutes environ puis les placer au fond du moule. Couper les pruneaux en morceaux et les répartir sur les lardons. Ajouter le gruyère râpé. Verser la préparation dessus et lisser avec la lame d'un couteau. Enfourner 50 minutes. Laisser refroidir et placer au minimum 2 heures au réfrigérateur afin que le cake fige. Servir frais ou réchauffé !

Tartiflette magique

Pour 8 personnes
Préparation : 30 minutes
Cuisson : 10 + 10 + 45 minutes
Repos : 2 heures

300 g de pommes de terre
125 g de lardons
1 oignon
150 g de reblochon
300 ml de lait
3 œufs
50 g de beurre fondu
70 g de farine
½ cuillerée à café de sel
½ cuillerée à café de poivre

Un moule rond (22 à 24 cm de diamètre) en métal chemisé de papier sulfurisé ou en silicone beurré

Laver, éplucher et couper les pommes de terre en petits dés. Les faire cuire 10 minutes dans de l'eau bouillante, puis les égoutter et les éponger à l'aide d'un papier absorbant. Éplucher et émincer l'oignon. Placer les lardons dans une poêle chaude et ajouter les dés de pomme de terre et l'oignon émincé. Faire griller pendant une dizaine de minutes. Réserver. Préchauffer le four à 150 °C. Retirer le plus gros de la croûte du reblochon, puis le couper en dés. Placer le lait et les dés de reblochon dans une casserole et faire chauffer jusqu'à ce que le fromage soit fondu. Séparer les blancs des jaunes d'œufs. Fouetter les jaunes avec le beurre fondu, le sel et le poivre. Incorporer la farine, en mélangeant bien. Verser le lait au reblochon, petit à petit, sans cesser de fouetter. Monter les blancs d'œufs en neige puis, à l'aide d'un fouet, les incorporer à la préparation. Placer les lardons, les pommes de terre et l'oignon émincé au fond du moule. Verser la préparation dessus et lisser avec la lame d'un couteau. Enfourner 45 minutes. Laisser refroidir et placer au minimum 2 heures au réfrigérateur afin qu'il fige. Servir frais ou réchauffé !

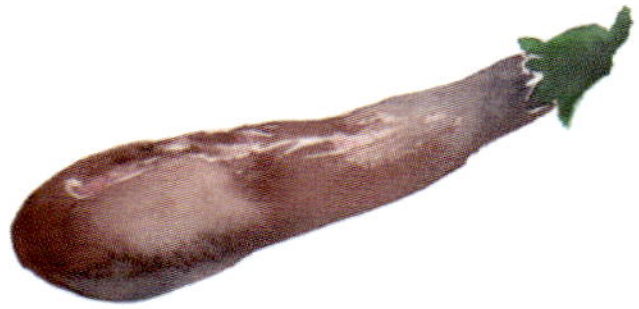

Couronne magique

Pour 8 personnes
Préparation : 25 minutes
Cuisson : 5 + 50 minutes
Repos : 2 heures

125 g de lardons
3 œufs
70 ml d'huile d'olive
2 cuillerées à café de sel
1 cuillerée à café de poivre
2 cuillerées à soupe
d'herbes de Provence
80 g de caviar d'aubergines
80 g de farine
370 ml de lait
1 petite courgette (300 g)
80 g de feta

Un moule couronne (26 cm
de diamètre) en silicone beurré

Faire griller les lardons dans une poêle pendant 5 minutes. Préchauffer le four à 150 °C. Séparer les blancs des jaunes d'œufs. Fouetter les jaunes avec l'huile d'olive, le sel, le poivre et les herbes de Provence. Ajouter le caviar d'aubergines, puis la farine, en mélangeant bien après chaque ajout.
Verser le lait, petit à petit, sans cesser de fouetter.
Monter les blancs d'œufs en neige puis, à l'aide d'un fouet, les incorporer à la préparation.
Laver et éplucher la courgette. La couper en petits morceaux et les répartir dans le moule avec les lardons et la feta coupée en dés. Verser la préparation dessus et lisser avec la lame d'un couteau. Enfourner 50 minutes. Laisser refroidir et placer au minimum 2 heures au réfrigérateur afin que le gâteau fige. Servir frais ou réchauffé !

Foie gras-figue

Pour 4 personnes
Préparation : 30 minutes
Cuisson : 35 minutes
Repos : 1 heure

2 œufs
60 g de beurre fondu
3 cuillerées à soupe de miel
½ cuillerée à café de sel
2 cuillerées à café de quatre-épices
1 cuillerée à café de cannelle en poudre
50 g de farine semi-complète
100 g de figues fraîches
50 g de foie gras
250 ml de lait

4 moules à mini cake (4 x 8 cm), ou 1 moule à cake (8 x 22 cm), en métal chemisés de papier sulfurisé ou en silicone beurrés

Préchauffer le four à 150 °C. Séparer les blancs des jaunes d'œufs. Fouetter les jaunes avec le beurre, le miel, le sel, le quatre-épices et la cannelle. Ajouter la farine, en mélangeant bien. Verser le lait, petit à petit, sans cesser de fouetter. Monter les blancs d'œufs en neige puis, à l'aide d'un fouet, les incorporer à la préparation.
Éplucher les figues. Couper la chair en dés et les répartir au fond des moules. Émietter le foie gras sur les figues. Verser la préparation dessus et lisser avec la lame d'un couteau. Enfourner 35 minutes (50 minutes pour un gros cake). Laisser refroidir et placer au minimum 1 heure au réfrigérateur. Servir frais !

Le truc en plus

Accompagner les cakes d'un confit d'oignons.

Poulet-coco-curry

Pour 8 personnes
Préparation : 30 minutes
Cuisson : 10 + 25 minutes
Repos : 1 heure

150 g de blanc de poulet
2 cuillerées à soupe d'huile d'olive
2 œufs
60 g de beurre fondu
1 cuillerée à café + 1 pincée de sel
½ cuillerée à café + 1 pincée de poivre
3 cuillerées à café de curry en poudre
60 g de farine
20 g de parmesan râpé
20 g de noix de coco râpée
100 ml de lait de coco
200 ml de lait

8 moules à muffin en silicone beurrés

Couper le blanc de poulet en dés. Faire chauffer l'huile dans une poêle et y faire griller les dés de poulet pendant 10 minutes avec une pincée de sel et une pincée de poivre. Réserver.
Préchauffer le four à 140 °C. Séparer les blancs des jaunes d'œufs. Fouetter les jaunes avec le beurre, le sel et le poivre restants et le curry. Incorporer la farine, le parmesan et la noix de coco râpée, en mélangeant bien après chaque ajout. Verser le lait de coco et le lait, petit à petit, sans cesser de fouetter.
Monter les blancs d'œufs en neige puis, à l'aide d'un fouet, les incorporer à la préparation.
Répartir les dés de poulet au fond des moules à muffin.
Verser la préparation dessus et lisser avec la lame d'un couteau.
Enfourner 25 minutes. Laisser refroidir et placer au minimum 1 heure au réfrigérateur. Servir frais ou réchauffé !

Quiche lorraine magique

Pour 8 personnes
Préparation : 35 minutes
Cuisson : 15 + 5 + 50 minutes
Repos : 2 heures

1 pâte brisée
100 g de lardons
3 œufs
90 g de beurre fondu
1 cuillerée à café de sel
½ cuillerée à café de poivre
1 cuillerée à café de paprika
70 ml de crème fraîche épaisse
70 g de farine
300 ml de lait
100 g de jambon blanc, coupé en dés
80 + 50 g de gruyère râpé

Un moule à tarte (25 à 27 cm de diamètre) chemisé de papier sulfurisé

Préchauffer le four à 180 °C. Foncer un moule à tarte avec la pâte brisée. Recouvrir de papier cuisson et de haricots blancs afin que la pâte ne lève pas à la cuisson, puis enfourner 15 minutes.
Faire griller les lardons à la poêle pendant 5 minutes. Réserver.
Diminuer la température du four à 150 °C. Séparer les blancs des jaunes d'œufs. Fouetter les jaunes avec le beurre, le sel, le poivre et le paprika. Incorporer la crème fraîche et la farine en mélangeant bien après chaque ajout. Verser le lait, petit à petit, dans la préparation, sans cesser de fouetter.
Monter les blancs d'œufs en neige puis, à l'aide d'un fouet, les incorporer à la préparation.
Répartir les lardons grillés, les dés de jambon et 80 g de gruyère sur le fond de tarte. Verser la préparation dessus et lisser avec la lame d'un couteau. Recouvrir du reste de gruyère râpé. Enfourner 50 minutes. Laisser refroidir et placer au minimum 2 heures au réfrigérateur afin que la quiche fige. Servir frais ou réchauffé !

Épinard-ricotta

Pour 8 personnes
Préparation : 40 minutes
Cuisson : 15 + 3 + 50 minutes
Repos : 2 heures

1 pâte brisée
90 g d'épinards frais
3 œufs
90 g de beurre fondu
2 cuillerées à café de sel
1 cuillerée à café de poivre
60 g de ricotta
70 g de farine
370 ml de lait
2 tomates
100 g de jambon blanc

Un moule à tarte (25 à 27 cm de diamètre) chemisé de papier sulfurisé

Préchauffer le four à 180 °C. Foncer un moule à tarte avec la pâte brisée. Recouvrir de papier cuisson et de haricots blancs afin que la pâte ne lève pas à la cuisson, puis enfourner 15 minutes. Laver les épinards et les blanchir 3 minutes dans une casserole d'eau bouillante. Égoutter, hacher et réserver.
Diminuer la température du four à 150 °C. Séparer les blancs des jaunes d'œufs. Fouetter les jaunes avec le beurre, le sel et le poivre. Incorporer la ricotta et la farine, en mélangeant bien après chaque ajout. Verser le lait, petit à petit, sans cesser de fouetter.
Monter les blancs d'œufs en neige puis, à l'aide d'un fouet, les incorporer à la préparation.
Laver les tomates et les couper en dés en ne conservant que la chair. Couper le jambon en dés et les répartir avec les tomates et les épinards sur le fond de tarte. Verser la préparation dessus et lisser avec la lame d'un couteau. Enfourner 50 minutes.
Laisser refroidir et placer au minimum 2 heures au réfrigérateur afin que la quiche fige. Servir frais ou réchauffé !

Quiche magique au lapin

Pour 8 personnes
Préparation : 40 minutes
Cuisson : 15 + 10 + 55 minutes
Repos : 2 heures

1 pâte feuilletée
120 g de chair de lapin (râbles)
Huile
3 œufs
90 g de beurre fondu
2 cuillerées à café de sel
1 cuillerée à café de poivre
2 cuillerées à soupe de moutarde
80 g de farine
50 g de poudre de pistaches
400 ml de lait
30 g de pistaches
entières, émondées

Un moule à tarte (25 à 27 cm de diamètre) chemisé de papier sulfurisé

Préchauffer le four à 180 °C. Foncer un moule à tarte avec la pâte feuilletée. Recouvrir de papier cuisson et de haricots blancs afin que la pâte ne lève pas à la cuisson, puis enfourner 15 minutes.
Couper la chair de lapin en dés et les faire revenir à la poêle sur feu moyen, avec un peu d'huile, pendant une dizaine de minutes.
Sortir la tarte du four et diminuer la température à 150 °C.
Séparer les blancs des jaunes d'œufs. Fouetter les jaunes avec le beurre, le sel, le poivre et la moutarde. Incorporer la farine et la poudre de pistaches, en mélangeant bien après chaque ajout. Verser le lait, petit à petit, sans cesser de fouetter.
Monter les blancs d'œufs en neige puis, à l'aide d'un fouet, les incorporer à la préparation.
Répartir les pistaches entières sur le fond de tarte. Verser la préparation dessus et lisser avec la lame d'un couteau. Enfourner 55 minutes. Laisser refroidir et placer au minimum 2 heures au réfrigérateur afin que la tarte fige. Servir frais ou réchauffé !

Quiche magique au maïs

Pour 8 personnes
Préparation : 35 minutes
Cuisson : 15 + 50 minutes
Repos : 2 heures

1 pâte feuilletée
3 œufs
90 g de beurre fondu
1,5 cuillerée à café de sel
½ cuillerée à café de poivre
2 cuillerées à café de curcuma
70 g de farine
370 ml de lait
160 g de maïs en boîte
100 g de patate douce

Un moule à tarte (25 à 27 cm de diamètre) chemisé de papier sulfurisé

Préchauffer le four à 180 °C. Foncer un moule à tarte avec la pâte feuilletée. Recouvrir de papier cuisson et de haricots blancs afin que la pâte ne lève pas à la cuisson, puis enfourner 15 minutes. Diminuer la température du four à 150 °C. Séparer les blancs des jaunes d'œufs. Fouetter les jaunes avec le beurre, le sel, le poivre et le curcuma. Incorporer la farine, en mélangeant bien. Verser le lait, petit à petit, sans cesser de fouetter. Monter les blancs d'œufs en neige puis, à l'aide d'un fouet, les incorporer à la préparation.
Répartir le maïs sur le fond de tarte. Laver, éplucher et râper la patate douce. La déposer sur le maïs. Verser la préparation dessus et lisser avec la lame d'un couteau. Enfourner 50 minutes. Laisser refroidir et placer au minimum 2 heures au réfrigérateur afin que la tarte fige. Servir frais ou réchauffé !

Gâteau magique framboise

Pour 4 personnes
Préparation : 30 minutes
Cuisson : 50 minutes
Repos : 1 + 2 heures

1 gousse de vanille
500 ml de lait
4 œufs
140 g de sucre
125 g de beurre fondu
110 g de farine
200 g de framboises

Un moule rond (22 à 24 cm de diamètre) en métal chemisé de papier sulfurisé ou en silicone beurré

Faire chauffer le lait avec les graines de vanille et la gousse ouverte. Laisser infuser 1 heure.
Préchauffer le four à 150 °C. Séparer les blancs des jaunes d'œufs. Fouetter les jaunes avec le sucre jusqu'à ce que le mélange blanchisse. Incorporer le beurre et la farine, en fouettant après chaque ajout. Retirer la gousse de vanille du lait et verser celui-ci, petit à petit, sans cesser de fouetter.
Monter les blancs d'œufs en neige puis, à l'aide d'un fouet, les incorporer à la préparation.
Rincer les framboises et les répartir au fond du moule. Verser la préparation dessus et lisser avec la lame d'un couteau.
Enfourner 50 minutes. Laisser refroidir et placer au minimum 2 heures au réfrigérateur avant de démouler.

Le truc en plus

Ganache vanille et chocolat blanc : faire fondre 75 g de chocolat blanc. Hors du feu, ajouter 150 g de crème liquide entière et une pincée de vanille en poudre. Réserver 2 heures au frais puis fouetter pendant une dizaine de minutes jusqu'à ce que la crème épaississe. Répartir la ganache sur le gâteau et décorer de framboises, de coulis de framboises et de copeaux de chocolat blanc.

Remerciements

Merci à Pauline, Rosemarie, Fanny et Emmanuel
pour avoir cru aux gâteaux magiques.
Merci à Audrey pour ses relectures attentives et ses conseils précieux.
Merci à Marlène et Valéry pour leur bonne humeur et leur talent !
Merci à ma famille et à Isabelle pour leurs conseils et à Christine
pour son aide et son soutien à toute épreuve !
Et merci à mes filles, mes trois magiciennes.

www.iletaitunefoislapatisserie.com

Illustrations : Lucile Prache
Mise en pages : Frédéric Voisin
Suivi d'édition : Audrey Genin
Relecture : Véronique Dussidour

58, rue Jean Bleuzen – 92178 Vanves Cedex
Dépôt légal : avril 2016
1344463/03
ISBN : 978-2-501-09969-1
Achevé d'imprimer en Espagne par Gráficas Estella en août 2017.

PAPIER À BASE DE FIBRES CERTIFIÉES

MARABOUT
s'engage pour l'environnement en réduisant l'empreinte carbone de ses livres.
Celle de cet exemplaire est de :
600 g éq. CO_2
Rendez-vous sur www.marabout-durable.fr